BEI GRIN MACHT SICH IHR WISSEN BEZAHLT

- Wir veröffentlichen Ihre Hausarbeit,
  Bachelor- und Masterarbeit

- Ihr eigenes eBook und Buch -
  weltweit in allen wichtigen Shops

- Verdienen Sie an jedem Verkauf

Jetzt bei www.GRIN.com hochladen
und kostenlos publizieren

Bibliografische Information der Deutschen Nationalbibliothek:

Die Deutsche Bibliothek verzeichnet diese Publikation in der Deutschen National-
bibliografie; detaillierte bibliografische Daten sind im Internet über http://dnb.d-
nb.de/ abrufbar.

Impressum:

Copyright © 2017 GRIN Verlag
Druck und Bindung: Books on Demand GmbH, Norderstedt Germany
ISBN: 9783668733763

Dieses Buch bei GRIN:

https://www.grin.com/document/426803

Brigitte Wildberger

Rezeption des ovidschen Mythos "Philemon und Baucis" in Goethes Faust II

GRIN Verlag

GRIN - Your knowledge has value

Der GRIN Verlag publiziert seit 1998 wissenschaftliche Arbeiten von Studenten, Hochschullehrern und anderen Akademikern als eBook und gedrucktes Buch. Die Verlagswebsite www.grin.com ist die ideale Plattform zur Veröffentlichung von Hausarbeiten, Abschlussarbeiten, wissenschaftlichen Aufsätzen, Dissertationen und Fachbüchern.

Besuchen Sie uns im Internet:

http://www.grin.com/

http://www.facebook.com/grincom

http://www.twitter.com/grin_com

Rezeption des ovidschen Mythos "Philemon und Baucis" in Goethes Faust II

Inhaltsverzeichnis

1. Einleitung

„Der für dichterische und bildnerische Schöpfungen empfängliche Geist fühlt sich, dem Altertum gegenüber, in den anmutigstideellen [sic] Naturzustand versetzt; und noch auf den heutigen Tag haben die Homerischen Gesänge die Kraft, uns wenigstens für Augenblicke von der furchtbaren Last zu befreien, welche die Überlieferung von mehreren tausend Jahren auf uns gewälzt hat."[1] Mit diesen Worten erklärt Johann Wolfgang von Goethe sich deutlich zu einem Bewunderer antiker Autoren und Werke, die ihm oft als Inspirationsquelle für sein eigenes Oeuvre dienen. Gerade in der Weimarer Klassik wird die Antike zum Vorbild, da sie als Zeit der Harmonie, der Perfektion und Ausgewogenheit gilt.[2] Jedoch wird der Schwerpunkt deutlich verändert. Während in der Antike oft das Ausgeliefertsein des Menschen an höhere Mächte im Vordergrund steht, betonen die Dichter der Weimarer Klassik vielmehr die Eigenverantwortung des Individuums. „Goethes Dramen unterstellen den Menschen nicht mehr einem jenseitigen Schicksal, sondern zeigen ihn als Subjekt, das in seinen Willensentscheidungen frei ist. Allerdings stehen die geistigen Möglichkeiten des Einzelnen oft im Widerspruch zu seinen Wünschen. Diese Erfahrung persönlicher Selbstüberschätzung gehört für Goethe zum dramatischen Konfliktpotential der Moderne."[3]

So greift Goethe beispielsweise in seinen Werken *Prometheus* und *Iphigenie auf Tauris* den antiken Mythos auf und gestaltet ihn zu einem Werk um, das zwar die antike Vorlage als Ausgangspunkt benutzt, dieser allerdings eine völlig andere Aussageabsicht zukommen lässt. Iphigenie begreift sich nicht als Marionette, die von höheren Mächten gesteuert wird, sondern als eigenständiges und selbstverantwortliches Individuum. „Im Vergleich zum religiösen Gehalt der griechischen Tragödie erklärt sich die Klassizität der Iphigenie gerade aus der Emanzipation von Religion und Politik zugunsten eines Begriffes der menschlichen Selbstbestimmtheit, der in Übereinstimmung mit den Idealen der philosophischen Aufklärung steht."[4]

Auch im Gedicht „Prometheus" spielt die Emanzipation des Individuums aus der Allmacht der antiken Götter eine tragende Rolle. Während der Prometheus des antiken Mythos grausame

---

[1] Goethe: *Werke*, Band 6, hg. v. Apel, F. et al., Frankfurt am Main, 1998, S. 513
[2] Vgl. http://www.br.de/telekolleg/faecher/deutsch/literatur/goethe-weimarer-klassik-100.html
[3] Greif, S.: *Arbeitsbuch Deutsche Klassik*. Paderborn, 2008., S. 120
[4] Geisenhanslüke, A.: *Johann Wolfgang Goethe. Iphigenie auf Tauris*. München, 1997, S. 28

Strafen dafür erleiden muss[5], dass er versucht hat, den Menschen zu helfen, indem er ihnen gegen den Willen der Götter das Feuer gebracht hat, sagt der Prometheus in Goethes Gedicht sich von jeder Furcht vor den Göttern los und stellt sich selbstbewusst als Schöpfer und Gestalter des eigenen Schicksals dar: „Hier sitz' ich, forme Menschen / nach meinem Bilde, / ein Geschlecht, das mir gleich sei / zu leiden, weinen, / genießen und zu freuen sich, / und dein nicht zu achten, / wie ich!"[6]

Aber auch wenn nicht ein gesamtes Drama auf der antiken Grundlage fußt, finden sich häufig antike Motive in Goethes Dichtungen wieder. Der fünfte Akt des Dramas *Faust II* weist zum Beispiel eindeutige Parallelen zum Mythos „Philemon und Baucis" aus Ovids *Metamorphosen* auf. Dabei eröffnet die Kenntnis des ursprünglichen antiken Stoffes dem Leser eine mehrschichtige Dimension des Verstehens, da er vor dem Hintergrund der antiken Quelle und Aussageabsicht den umgestalteten Ansatz interpretiert und bewertet.

Im Rahmen dieser Facharbeit soll untersucht werden, wie Goethe den antiken Mythos von „Philemon und Baucis" im zweiten Teil seines Schauspiels *Faust* aufgreift, verändert und ihm so eine völlig andere Funktion zukommen lässt. Dazu soll der Mythos zunächst isoliert in beiden Werken unter Berücksichtigung des literaturhistorischen Kontextes betrachtet werden. Danach werden die Charaktere der Protagonisten untersucht, um anschließend zu einer textimmanenten Deutung der jeweiligen Philemon-und-Baucis-Episode zu gelangen. Im letzten Teil soll in vergleichender Gegenüberstellung des Philemon-und-Baucis-Mythos in den beiden Werken herausgearbeitet werden, welche Veränderungen Goethe in Bezug auf die antike Quelle vorgenommen und in welcher Intention er den antiken Mythos umgestaltet hat.

---

[5] Auf Zeus' Geheiß hin wird er im Kaukasus an einen Felsen geschmiedet, wo ihm täglich ein Adler seine Leber herausfrisst, die jedoch stets wieder nachwächst.
[6] Goethe: *Werke*, Band 1, hg. v. Apel, F. et al., Frankfurt am Main, 1998, S. 61f.

2. Der Mythos „Philemon und Baucis" in den *Metamorphosen* Ovids

Der Mythos „Philemon und Baucis" wird bei Ovid im achten Buch der *Metamorphosen* in den Versen 626 – 724 geschildert und stellt eine der insgesamt rund 250 Verwandlungsgeschichten dar. Im Folgenden soll zunächst ein kurzer Überblick über das Werk im Kontext der augusteischen Dichtung gegeben werden. Anschließend wird der Mythos knapp wiedergegeben und in Bezug auf die Charaktere der Protagonisten analysiert, sodass abschließend die Funktion, die der Mythos im Gesamtwerk einnimmt, verdeutlicht werden kann.

2.1 Einordnung der *Metamorphosen* in den Kontext der augusteischen Dichtung

Die Dichtung der Kaiserzeit steht in der Folge von Augustus' Sieg über Antonius und den hellenistischen Osten nach der Schlacht von Actium im Jahre 31 v. Chr. unter dem Zeichen des Neubeginns und der Augustus gezollten Dankbarkeit für das Ende der Bürgerkriege und die Wiederherstellung des Friedens mit all seinen Segnungen wie Ruhe, Sicherheit und Wohlstand.[7] Die Dichter sind erfüllt vom „Glauben an die Sendung des Augustus"[8] und stellen dies in vielfältigen literarischen Ausdrucksformen wie beispielsweise den Oden des Horaz oder dem Epos *Aeneis* des Vergil ins Zentrum ihrer Werke. Ovid stellt hier insofern eine Ausnahme dar, als er, geboren im Jahre 43 v. Chr., die Wirren der Bürgerkriege „nur mehr vom Hörensagen kannte und die Segnungen des Friedens als selbstverständlich hinnahm."[9]

Die *Metamorphosen* verfasst er im Jahre 8 n. Chr. Sie werden der zweiten Schaffensperiode des Dichters zugeordnet.[10] Ovid macht sich zunächst als Liebesdichter einen Namen, dessen Selbstverständnis maßgeblich durch seine Liebesdichtung bestimmt wird, wie in seiner autobiographischen Elegie *Tristia IV,10* deutlich wird: "Ille ego qui fuerim, tenerorum lusor amorum"[11]. Diese Frühphase seines Schaffens umfasst die Werke *Amores, Ars amatoria, Remedia amoris, Heroides* und *de medicamine faciei*, wobei die *Heroides* eine Art Bindeglied zwischen erster und zweiter Schaffensperiode darstellen, da Ovid sich hier von der eher spielerischen und technischen Sicht der Liebe zu einer psychologisch tiefergehenden Liebesauffassung bewegt.[12] Die Liebe als Handlungsmotiv spielt auch in den *Metamorphosen* eine wichtige Rolle, da vielen der dort geschilderten Verwandlungen das Motiv der erfüllten

---

[7] vgl. Bieler, L.: *Geschichte der römischen Literatur, Band II, Die Literatur der Kaiserzeit*, Berlin, 1980, S. 4
[8] ibid. S. 6
[9] ibid. S. 7
[10] Albrecht , von M.: *Ovid. Eine Einführung*, Stuttgart, 2003, S. 22
[11] http://www.thelatinlibrary.com/ovid/ovid.tristia4.shtml
[12] vgl. ibid. S. 21

oder auch der unerfüllten Liebe vorausgeht. Die letzte Phase des ovidischen Gesamtopus steht ganz im Zeichen der schmerzlichen Erfahrung seines Exils. Im Jahre 8 n. Chr. wird er auf Veranlassung des Kaisers Augustus nach Tomis ans Schwarze Meer verbannt. Der Grund hierfür ist bis heute nicht eindeutig geklärt. Ovid selbst führt seine Verbannung auf „carmen et error"[13] zurück. „Carmen" bezieht sich dabei wohl auf seine Liebesdichtung, deren Inhalt im Gegensatz zu den strengen Sittengesetzen des Augustus steht, mit Hilfe derer Augustus versucht, die altrömischen Tugenden im Hinblick auf eine moralische Erneuerung der römischen Gesellschaft wiederzubeleben.[14] „Error" weist auf eine angebliche Mitwisserschaft Ovids bezüglich einer Affäre der Enkeltochter des Augustus hin.[15] Die Verbannung trifft Ovid hart, da er fernab der von ihm geschätzten Geschäftigkeit und Kultur der Stadt einsam in zivilisatorischer Einöde sein Leben verbringen muss. Von dieser Trauer über das harte Los des Exils ist seine dritte Schaffensperiode geprägt, in der Ovid die *Tristia* und *Epistulae ex Ponto* verfasst, Werke, in denen die Klage über die Verbannung immer wieder aufgegriffen wird. Zum Zeitpunkt seines Exils sind die *Metamorphosen* noch nicht vollendet.

2.2 Kurze Darstellung des Mythos „Philemon und Baucis" im Kontext des Werkes

Im Proömium seines Werkes kündigt Ovid an, ein „carmen perpetuum", ein zusammenhängendes Gedicht vom Ursprung der Welt bis hin zu seiner Gegenwart zu schaffen. In diesem Sinne stellen die Metamorphosen einen Zyklus von Erzählungen dar, die Ovid durch kunstvolle, fiktive Übergänge verknüpft und so in einen chronologischen Zusammenhang bringt, der von der Erschaffung der Welt bis zur Apotheose Caesars reicht.

Auftakt zu dem Mythos von Philemon und Baucis ist eine Erzählung des Flussgottes Achelous über die Verwandlung der Echinaden in Inseln. Daran schließt sich ein Streitgespräch an über die Macht der Götter. Pirithous, der Sohn des Ixion, jenes Frevlers, der auf Einladung Zeus' auf den Olymp kommt und dort dessen Gattin Hera verführt, bestreitet die Allmacht der Götter, wohingegen Lelex, der aufgrund seines Alters und seiner geistigen Reife als glaubwürdiger dargestellt wird („animo maturus et aevo"[16]), der Überzeugung ist, dass die Macht der Götter grenzenlos sei. Als Beweis dafür führt er die Geschichte von Philemon und Baucis an. Um die Glaubwürdigkeit seiner Erzählung zu erhöhen, gibt er den genauen Ort an, wo man die Bäume,

---

[13] http://www.thelatinlibrary.com/ovid/ovid.tristia2.shtml
[14] vgl. Bieler, a.a.O., Band II, S. 5
[15] vgl. ibid., S. 66
[16] Ovidius Naso, P.: Metamorphosen, hg. v. Rösch, E., München, 1990, VIII, 617

in die Philemon und Baucis verwandelt worden sind, sehen kann und verbürgt sich selbst als Zeuge für den Wahrheitsgehalt („ ipse locum vidi"[17]). Anschließend berichtet er, wie es zu dieser Verwandlung kam. Juppiter in Gestalt eines Sterblichen („specie mortali"[18]) und Merkur, antonomasisch als „Atlantiades" umschrieben, sind auf der Suche nach einer Unterkunft. Jedoch finden sie lange Zeit niemanden, der sie aufnimmt. Die vergebliche Mühe ihres Suchens wird durch eine anaphorische Hyperbel „mille domos adiere (…) mille domos clausere serae"[19] unterstrichen. Im Kontrast dazu steht Philemon und Baucis' Haus, das die beiden Gottheiten als letztes aufsuchen und das ihnen Unterschlupf gewährt. Die beiden uralten Bewohner, die selbst in ärmlichen Verhältnissen leben, tun alles, um den Gästen den Aufenthalt so angenehm wie möglich zu machen. Beim gemeinsamen Mahl schließlich geben sich die Götter zu erkennen, indem sie sich den Wein von selbst immer wieder vermehren lassen. Philemon und Baucis entschuldigen sich daraufhin für die Einfachheit des Mahls und wollen ihre einzige Gans für die Götter schlachten, was diese jedoch verwehren. Stattdessen fordern sie die Greise auf, mit ihnen auf einen Hügel zu steigen. Von dort aus werden sie Zeuge, wie die Götter das Dorf mitsamt seinen Bewohnern in einer Sintflut zugrunde gehen lassen. Nur Philemon und Baucis' Haus bleibt verschont und verwandelt sich in einen prächtigen Tempel. Daraufhin gewähren die Götter den beiden Alten einen Wunsch. Nach gemeinsamer Absprache möchten sie bis zu ihrem Tod Priester im Tempel, zu dem ihr Haus geworden ist, sein und zu gleicher Stunde sterben. So geschieht es auch. Als die Todesstunde gekommen ist, verwandelt Baucis sich in eine Linde und Philemon in eine Eiche, deren Zweige sich als Zeichen ewiger Verbundenheit ineinander verschränken. Philemon und Baucis sind zu Baumgottheiten geworden, die verehrt werden („cura deum dei sunt, et qui coluere, colantur"[20]).

2.2.1 Charaktere

Philemon und Baucis werden in dem Mythos als arme, aber in ihrer Armut zufriedene und rechtschaffene Personen präsentiert. Von Anfang an wird der Unterschied zu den übrigen Dorfbewohnern herausgestellt, die den Göttern ihre Gastfreundschaft verweigert haben („tamen una recepit"[21]). Das alte Ehepaar lebt in ärmlichen Verhältnissen. Die Einfachheit der Behausung wird sogleich zu Beginn durch die Schilderung "stipulis et canna tecta"[22] betont.

---

[17] ibid., VIII, 622
[18] ibid., VIII, 626
[19] ibid., VIII, 628f.
[20] ibid., VIII, 724
[21] ibid., VIII, 629
[22] ibid., VIII, 630

Die Bewohner Baucis und Philemon sind steinalt („Baucis anus parilique aetate Philemon"[23]),
doch schon seit ihrer Jugend verbunden („annis iuncti iuvenalibus"[24]), wobei die Alliteration
sowie die Vorsilbe con- des Verbs „consenuere"[25] diese lange Dauer des Beisammenseins
unterstreicht. Beide zeichnet aus, dass sie die Mühen des Lebens sowie ihre Armut ohne zu
klagen („nec iniqua mente"[26]) hingenommen und dadurch erträglich gemacht haben. Die
Paronomasie „fatendo" und „ferendo"[27] verstärkt diesen Aspekt. Auffallend ist weiter, dass
Philemon und Baucis ein – in antiker Gesellschaft durchaus unüblich – gleichberechtigtes
Verhältnis pflegen. Dies wird durch die Antithesen in den Versen 635 – 636 verstärkt: „nec
refert, dominos illic famulosne requiras: tota domus duo sunt, idem parentque iubentque."
Baucis wird mit dem Adjektiv „pia"[28] charakterisiert, eine römische Tugend, die als „rein
moralische Norm"[29] das rechtmäßige Verhalten gegenüber den Göttern, der Familie und der
Gemeinschaft bezeichnet. „Mit den Worten *pius* und *pietas* bezeichnet der Römer dasjenige
Verhalten des Menschen, durch welches dieser allen seinen Pflichten gegen die Gottheit und
gegen die Mitmenschen in vollem Umfange und in allen Stücken gerecht wird."[30]

Als die Götter die Hütte betreten – die Bescheidenheit der Behausung wird nochmals
hervorgehoben, indem beschrieben wird, dass sie die Köpfe einziehen müssen um eintreten zu
können („submisso humiles intrarunt vertice postes"[31]), tun die beiden Greise alles, um es den
Besuchern so angenehm wie möglich zu machen. Das geschäftige Treiben der Baucis wird
durch die polysyndetische Aufzählung der verschiedenen Tätigkeiten hervorgehoben. Sie wird
mit dem Attribut „sedula" versehen. Die Tatsache, dass sie trotz ihres Alters keine Mühsal
scheut um die Gäste willkommen zu heißen, wird besonders deutlich als Ovid beschreibt, dass
sie mit greisem Atem das Feuer neu schürt („ad flammas anima producit anili"[32]). Immer wieder
verweist Ovid auf die ärmlichen Lebensumstände des alten Paares: ein Tischbein ist zu kurz
(„mensae sed erat pes tertius impar"[33]), der Wein nicht alt („nec longae ... vina senectae"[34]),
betont dabei aber gleichzeitig die Freundlichkeit und Zufriedenheit („vultus accessere boni nec

---

[23] ibid., VIII, 631
[24] ibid., VIII, 632
[25] ibid., VIII, 633
[26] ibid., VIII, 634
[27] ibid., VIII, 633f.
[28] ibid., VIII, 631
[29] Thome, G.: *Zentrale Wertvorstellungen der Römer II*, Bamberg, 2000, S. 30
[30] ibid., S. 30
[31] Ovidius Naso, P.: *Metamorphosen*, a.a.O., VIII, 638
[32] ibid., VIII, 643
[33] ibid., VIII, 661
[34] ibid., VIII, 672

iners pauperque voluntas"[35]. Gerade der Gegensatz zwischen armen Verhältnissen und „nicht armem Willen" fasst den Charakter der beiden auf prägnante und eindringliche Weise: Trotz ihrer bescheidenen Lebensverhältnisse erweisen sie sich als freundliche und freigiebige Gastgeber, die den unerwarteten Besuchern nicht mit Argwohn und Ablehnung, sondern mit Menschlichkeit und Herzlichkeit begegnen.

Als die Götter sich schließlich zu erkennen geben, sind die beiden zu Donner gerührt, beginnen sogleich zu beten und bitten um Nachsicht für ihre bescheidene Gastfreundschaft. Aus dem Gefühl heraus, nicht genug für die Götter getan zu haben, sind sie sogar bereit, ihre einzige Gans („unicus anser"[36]), ihren wertvollsten Besitz zu schlachten. In diesem Verhalten äußert sich deutlich ihre *pietas*, die bis hin zur Selbstaufgabe geht.

2.2.2 Funktion des Mythos

Der Mythos von Philemon und Baucis beinhaltet die Metamorphose der Protagonisten in Bäume und steht so in direktem Zusammenhang mit dem von Ovid im Proömium des Werkes proklamierten Thema „mutatas dicere formas", nämlich Gestalten zu besingen, die verwandelt worden sind. Die einzelnen Verwandlungsgeschichten werden zwar miteinander verbunden, stehen ansonsten aber isoliert und ohne direkten Bezug zu anderen im Werk beschriebenen Metamorphosen. Das Bindeglied allerdings liegt darin, dass viele Verwandlungen als eine Art Wesensenthüllung zu verstehen sind. Zeichneten sich Philemon und Baucis zu Lebzeiten durch *pietas* und *iustitia* aus, so gelangen sie als Zwischenstufe zu ihrer ersten höheren Existenzform als Priester und Tempelhüter, in ihrer zweiten Stufe zu gottähnlichen Wesen in Form von Bäumen, denen Ehre erwiesen wird. Außerdem erhalten sie für ihr tugendhaftes Leben als Belohnung, wie schon im Leben so auch nach dem Tod vereint bleiben zu dürfen. Ebenso wie seine Bewohner verwandelt sich die bescheidene, doch mit Gottgefälligkeit erfüllte Hütte der beiden Alten auch nach außen hin zu einem sichtbaren Zeichen der *pietas*, einem Tempel.

Unmittelbar auf die Erzählung von Philemon und Baucis folgt die von Erysichton[37], einem Verächter der Götter. Eines Tages möchte er eine gewaltige Eiche in einem heiligen Hain der Göttin Ceres fällen. Als nach dem ersten Hieb Blut aus dem Baum läuft, spricht die Baumnymphe zu ihm und warnt ihn davor, dass er ein schreckliches Schicksal erfahren werde.

---

[35] ibid., VIII, 678
[36] ibid., VIII, 684
[37] ibid., VIII, 738 - 878

9

Der König lässt sich jedoch nicht beirren und setzt seine Schandtat fort. Daraufhin bitten die anderen Nymphen die Göttin Ceres um eine Strafe für den Sünder. Sie befiehlt schließlich, dass die Hungergöttin aus dem entfernten Kaukasus Erysichthon einen unstillbaren Hunger geben solle, der letztendlich so groß ist, dass Erysichthon sich selbst verschlingt. Durch die Kontrastierung des durch *pietas* geprägten Ehepaars Philemon und Baucis mit dem an seiner *hybris* zugrundegehenden Erysichthon gewinnt der Mythos noch stärker an Wirkkraft.

Zuletzt liegt die Funktion des Mythos darin, als *aition* eine Erklärung für das Naturphänomen der verbundenen Linde und Eiche zu dienen, das zugleich als Mahnmal dient.

3. Der Mythos „Philemon und Baucis" in der Tragödie *Faust II* von Goethe

Insgesamt hat sich Goethes Arbeit am *Faust* über sechs Jahrzehnte erstreckt, sodass vor allem in Bezug auf *Faust II* eine streng einheitliche Deutung nicht zulässig ist, sondern das Werk vielmehr aus verschiedenen „Weltenkreise[n]" besteht, „die, in sich abgeschlossen, wohl aufeinander wirken, aber doch einander wenig angehen"[38]. Goethe selbst hat wiederholt betont, dass man vergeblich nach einer konsistenten Idee suche, die dem Ganzen und jeder einzelnen Idee im Besonderen zugrunde liegt.[39] Dennoch stellt die Figur des Protagonisten Faust Leitfaden und Bezugspunkt aller Szenen und Episoden dar, aus denen sich die Entwicklung und der Charakter des Gelehrten Faust sowie letztendlich das Gesamtverständnis des Werkes herauskristallisieren.

3.1 Einordnung des Werkes *Faust II* in den Kontext der Weimarer Klassik

Als Weimarer Klassik wird jene Epoche der deutschen Literatur bezeichnet, die mit Goethes erster Reise nach Italien beginnt (1786 – 1788) und mit Schillers Tod endet (1805). Sie löst die Phase des Sturm und Drangs ab und ist geprägt durch eine Orientierung an der griechisch-römischen Antike sowie einer Konzentration auf den Menschen im Sinne „allgemeiner Menschlichkeit und Humanität"[40]. Goethes *Faust* zeigt – wohl bedingt durch den langen Entstehungsprozess – sowohl Merkmale des Sturm und Drangs als auch der Klassik. Der Sturm und Drang (1767 – 1785) ist eine sozialkritische Strömung, die sich den Missständen der

---

[38] Johann Peter Eckerman: *Gespräche mit Goethe in den letzten Jahren seines Lebens* - Kapitel 170, in: gutenberg.spiegel.de › Kultur › Gutenberg
[39] vgl. Borchmeyer, Dieter: *Die Weimarer Klassik. Eine Einführung*, Königstein, 1980, S. 342
[40] Metzler-Literatur-Lexikon, hg. v. Schweikle, G. und I., Stuttgart, 1984, S. 472

absolutistischen Ständegesellschaft widersetzt und das leidenschaftliche Gefühl in den Mittelpunkt rückt. Dem entspricht der Protagonist Faust insofern, als er seinem Leiden an den Grenzen der menschlichen Erkenntnisfähigkeit vehement Ausdruck verleiht und in seiner Leidenschaft sogar bereit ist, einen Pakt mit Mephistopheles einzugehen, um Erfüllung und Lebensglück zu erlangen. Fausts Abkehr von diesem Ideal des Sturm und Drangs ist sozialpolitisch zurückzuführen auf die Erfahrungen der Französischen Revolution und der Schreckensherrschaft der Jakobiner, die gezeigt hat, welche Auswirkungen dieses ungebändigte Stürmen haben kann. Der Prolog im Himmel hebt den leidenschaftlichen Faust auf eine höhere Ebene, indem der Herr ihn zum Prototypen des strebenden Menschen macht[41], und stellt ihn somit in den Kontext der Weimarer Klassik, da hier an Faust das Idealbild des strebenden Menschen enthüllt wird, der sich „im Zwiespalt zwischen Pflicht und Neigung, also dem sittlich gebotenen Verhalten und dem eigenen, von Leidenschaften und Selbstsucht bestimmten Wollen, befindet."[42]

3.2 Kurze Darstellung des Mythos

Die Philemon-und-Baucis-Episode stellt den Auftakt zum 5. Akt der Tragödie dar. Der Ort wird mit „offener Gegend"[43] umschrieben, deren herausragendes Merkmal dunkle, alte Lindenbäume darstellen[44] – eine Anspielung auf den ovidischen Mythos. Diesen Ort wiederzufinden wünscht sich ein Wanderer, der in der Vergangenheit dort Schiffbruch erlitten hat[45]. Gleichzeitig möchte er das Ehepaar Philemon und Baucis in alter Dankbarkeit besuchen, da es ihn damals gastfreundlich aufgenommen und ihm das Leben gerettet hat. Nachdem er den beiden Alten erneut seinen Dank abgestattet hat, möchte er auf die Düne hinaustreten, um ehrfürchtig das „grenzenlose Meer"[46] zu betrachten und dort als aus einem Schiffsunglück Geretteter beten. Allerdings erblickt er nicht mehr des Meeres Weite, sondern Wiesen, Gärten, Dorf und Wald[47]. Bei dem sich anschließenden gemeinsamen Abendessen berichtet das alte

---

[41] vgl. Goethe, J. W.: Faust. Der Tragödie Erster Teil, hg. v. Hellberg, W. D., Stuttgart 2014, V. 323 - 329
[42] https://www.klett.de/produkt/isbn/978-3-12-320213-1
[43] Die Zitate sind der folgenden Ausgabe entnommen:
Goethe, J. W.: *Faust. Der Tragödie Zweiter Teil*, Stuttgart, 2013
Der besseren Lesbarkeit halber werden die Zitate als Verse angegeben.
[44] Goethe, J.W.: Faust. Der Tragödie Zweiter Teil, Stuttgart, 2013, V.11043
[45] ibid., V. 11049f.
[46] ibid., V. 11076
[47] vgl. ibid., V. 11095f.

Paar dem Wanderer von der Trockenlegung des Meeres[48], die die beiden als „Wunder"[49] bezeichnen. Dieser Eingriff in die Natur beunruhigt Baucis, denn „es ging das ganze Wesen / Nicht mit rechten Dingen zu."[50]. In der sich daran anschließenden Szene, die konträr zu der einfachen Behausung des alten Paares in Fausts Palast spielt, erinnert das Läuten der Glocke, das von der Kapelle zu ihm hinüberschallt den inzwischen hochbetagten Faust daran, dass das kleine Stück Land, auf dem Philemon und Baucis, leben, noch nicht in seinem Besitz ist. Er fordert Mephistopheles und seine Gesellen auf, das alte Ehepaar von seinem Besitz wegzuschaffen und auf dem für sie vorgesehenen Stück Land anzusiedeln: „So geht und schafft sie mir zur Seite! - / Das schöne Gütchen kennst du ja, / Das ich den Alten ausersah."[51]. Im Folgenden erstattet der Türmer Lynceus Bericht davon dass das Anwesen von Philemon und Baucis niedergebrannt worden ist: „Was sich sonst dem Blick empfohlen, / Mit Jahrhunderten ist hin"[52]. Faust, der dies vernimmt, ist verärgert über diese Tat, doch die Hoffnung, an dieser Stelle bald den erhofften Aussichtspunkt errichten zu können, überwiegt noch: „ein Luginsland ist bald errichtet; / Um ins Unendliche zu schaun."[53]. Auch geht er noch davon aus, dass das alte Ehepaar „ im Gefühl großmütiger Schonung"[54] seinen Lebensabend auf dem für sie vorgesehenen Landgütchen verbringen könne. Allerdings wird er bald eines Besseren belehrt, als nämlich Mephistopheles berichtet, es sei „nicht gütlich"[55] abgelaufen. Vielmehr habe er sich gewaltsam Zutritt in die Hütte verschaffen müssen, da die Alten ihm den Einlass verwehrt hätten: „Wir riefen laut und drohten schwer, / Allein wir fanden kein Gehör. / Und wie's in solchem Fall geschieht, / Sie hörten nicht, sie wollten nicht; / Wir aber haben nicht gesäumt / Behende dir sie weggeräumt."[56]. Faust beklagt: „Tausch wollt ich, wollte keinen Raub"[57]. Allerdings nimmt sich dieser Protest schwach im Verhältnis zu der Tat aus und streicht die Gewissenlosigkeit, mit der Faust die Nebenwirkungen seines Handelns in Kauf nimmt, heraus. Im Folgenden wird er von den vier grauen Weibern Mangel, Schuld, Not und Sorge aufgesucht, von denen aber nur die Sorge sich bei ihm einschleichen kann. In einem Streitgespräch scheint Faust eine selbstkritische Lebensbilanz zu ziehen und die Sinnlosigkeit seines bisherigen Tuns

---

[48] Die Landgewinnung, die Faust betreibt, ist durch ein erneutes Projekt des Mephistopheles zustande gekommen, Fausts Streben zu befriedigen. Im vierten Akt haben er und Mephistopheles dem Kaiser geholfen, sich gegenüber dem Gegenkaiser durchzusetzen, woraufhin der Kaiser ihm ein Stück Land an der Küste geschenkt hat.
[49] Goethe, J.W.: Faust. Der Tragödie Zweiter Teil, Stuttgart, 2013, V.11111
[50] ibid., V. 11113f.
[51] ibid., V. 11275ff.
[52] ibid., V. 11336f.
[53] ibid., V. 11344f.
[54] ibid., V. 11348
[55] ibid., V. 11351
[56] ibid., V. 11356 - 11361
[57] ibid., V. 11371

zu erkennen: „Ich bin nur durch die Welt gerannt. / Ein jed' Gelüst ergriff ich bei den Haaren, / Was nicht genügte ließ ich fahren, / Was mir entwischte ließ ich ziehn. / Ich habe nur begehrt und nur vollbracht, / Und abermals gewünscht, und so mit Macht / Mein Leben durchgestürmt; erst groß und mächtig, / Nun aber geht es weise, geht bedächtig."[58] Allerdings weigert er sich, die Macht der Sorge anzuerkennen, woraufhin sie ihn diese spüren lässt. Sie haucht ihn an, und er erblindet. Blind hört Faust Arbeiter. Er glaubt, dass diese einen weiteren Sumpf trockenlegen und stellt sich vor, dort eine fruchtbare Gegend für viele Millionen freier Menschen zu schaffen.[59] Im Vorgefühl des Glücks, derartiges geschaffen zu haben, erfüllt sich letztendlich beinahe das, wonach Faust sein ganzes Leben lang gestrebt hat und was den Wetteinsatz mit Mephisopheles ausmacht: „Zum Augenblicke dürft ich sagen:/ Verweile doch, du bist so schön! / Es kann die Spur von meinen Erdentagen / Nicht in Äonen untergehn."[60] Mit dieser Vision seines letzten Projektes stirbt er. Mephistopheles glaubt, seine Wette gewonnen zu haben. Doch als er Fausts Unsterbliches an sich bringen will, entführt ein Chor von Engeln ihm den „ großen, einzigen Schatz"[61] und erlöst Faust, denn: „'Wer immer strebend sich bemüht / Den können wir erlösen.'"[62]

3.2.1 Charaktere

Zunächst wird das Paar direkt durch den Wanderer charakterisiert. Er beschreibt es als „hülfsbereit", „wacker"[63] und „fromm"[64]. Er stellt deren Gastfreundlichkeit heraus und hofft, dass das Paar das für ihre Wohltätigkeit verdiente Glück genießt: „Wenn, gastfreundlich, auch noch heute / Ihr des Wohltuns Glück genießt."[65]. Baucis, als sehr altes „Mütterchen" beschrieben, öffnet dem Wanderer die Tür und fordert ihn sogleich auf aus Rücksichtnahme auf den schlafenden Gatten, sich leise zu verhalten[66]. Ihre Worte „Lieber Kömmling! Leise! Leise!"[67] drücken die sanftmütige, ruhige Grundstimmung aus, die das Leben der Alten kennzeichnet. Der Wanderer rühmt dankend Baucis für das, was sie damals für ihn getan hat und hebt dabei vor allem ihre Geschäftigkeit hervor: „Bist du Baucis, die geschäftig, / Halberstorbnen Mund erquickt?"[68]. Als Philemon sich zu den beiden gesellt, lobt der Wanderer

---

[58] ibid., V. 11433 - 11440
[59] vgl. ibid., V. 11559 - 11570
[60] ibid., V. 11581 - 11584
[61] ibid., V. 11829
[62] ibid., V. 11936f.
[63] ibid., V. 11052
[64] ibid., V. 11055
[65] ibid., V. 11057f.
[66] vgl. ibid., V. 11059f.
[67] ibid.., V. 11059
[68] ibid., V. 11067f.

dessen Tatkräftigkeit, als er seinen Schatz aus den Fluten gerettet hat.[69]. Ebenso verweist er auf die Gastfreundschaft des alten Paares, symbolisiert durch das Herdfeuer[70], wodurch sie ihn gerettet haben. Auch nun bittet das alte Ehepaar den Wanderer zu Tisch[71]. Während der Wanderer angesichts des verschwundenen Meeres sprachlos und wie versteinert dasitzt, kommentieren die beiden Alten das Werk der Trockenlegung. Baucis verteufelt hellsichtig das Werk, indem sie darauf verweist, dass alles nachts, in undurchsichtiger Weise unter Opfern von Menschenleben entstanden ist: „Wo die Flämmchen nächtig schwärmten / Stand ein Damm am andern Tag. / Menschenopfer mussten bluten, / Nachts erscholl des Jammers Qual, / Meerab flossen Feuergluten; / Morgens war es ein Kanal."[72]. Den Urheber dieser Tat, Faust, bezeichnet sie als „gottlos"[73], da er auch ihr Haus und ihren Lebensraum für sich haben will und Unterwürfigkeit verlangt[74]. Philemon hingegen versucht, Baucis' Kritik abzuschwächen, indem er einwirft, dass er „Schönes Gut im neuen Land!"[75] angeboten habe. Es scheint, als wachse ihm die ganze Angelegenheit über den Kopf, da er als Ausweg das Gebet zu dem „alten Gott"[76] vorschlägt. Mit der Erwähnung des alten Gottes macht Philemon deutlich, dass eine neue Ära in ihr bislang unbeschwertes Leben hereingebrochen ist. Der implizierte neue Gott ist der Technokrat Faust, der die Natur durch Technik und Magie zu bezwingen versucht.

3.2.2 Funktion des Mythos

Die Philemon-und-Baucis-Szene hat zunächst einmal die Funktion Fausts unermessliche Gier darzustellen, die wie ein Trieb von ihm Besitz ergriffen hat und derer er nicht Herr werden kann: „Mir gibt's im Herzen einen Stich, / Mir ist's unmöglich zu ertragen! / Und wie ich sage, schäm ich mich. / Die Alten droben sollen weichen, / Die Linden wünsch' ich mir zum Sitz, / Die wenig Bäume nicht zu eigen, / verderben mir den Weltbesitz."[77] Er wohnt in einem prächtigen Palast, der in Kontrast zu der bescheidenen Hütte des alten Ehepaares steht, ist Herr über weite Ländereien. Doch weit entfernt diesen Wohlstand und das von ihm Geschaffene genießen zu können, reibt er sich auf an dem, was ihm fehlt: Philemon und Baucis' kleines Anwesen das er selbst als Ruhesitz mit Aussicht über sein Werk besitzen möchte: "Vor Augen

---

[69] vgl. 11069f.
[70] vgl. ibid., V. 11071
[71] vgl. ibid., V. 11079f.
[72] ibid., V. 11125 - 11130
[73] ibid., V. 11131
[74] vgl. ibid., V. 11131 - 11134
[75] ibid., V. 11136
[76] ibid., V. 11142
[77] ibid., V. 11236 - 11242

ist mein Reich unendlich, / Im Rücken neckt mich der Verdruss, (...) Mein Hochbesitz er ist nicht rein, / Der Lindenraum, die braune Baute, / Das morsche Kirchlein ist nicht mein."[78]. Philemon und Baucis' Besitz wird mit abwertenden Adjektiven versehen, doch trotz dieser Wertlosigkeit giert es ihn danach. Der alles besitzende, dennoch neidische und stets nach mehr strebende Faust steht in scharfem Gegensatz zu der Zufriedenheit und Selbstgenügsamkeit des greisen Paares und gewinnt dadurch an Schärfe.

Daneben zeigt der Mythos das erneute Schuldigwerden Fausts. Nachdem er sich bereits im ersten Teil der Tragödie an Gretchen schuldig gemacht hat, jedoch durch Ariels Gesang zu Beginn des *Faust II* durch einen Heilsschlaf gewissermaßen gereinigt worden ist[79], verstrickt er sich erneut in Schuld durch den zwar unbeabsichtigten, aber doch in Kauf genommenen Mord an Philemon und Baucis. So erhält der Mythos von Philemon und Baucis eine wichtige Funktion in Bezug auf das Ende Fausts, indem er zeigt, dass Schuldigwerden Bestandteil des Menschen ist, ihm aber dennoch oder gerade deswegen göttliche Gnade zuteil wird.

Neben der oben gelieferten textimmanenten Deutung des Mythos erhält dieser eine besondere Aussagekraft durch den Vergleich mit der antiken Vorlage, was im Folgenden dargelegt wird.

4. Vergleich des Mythos „Philemon und Baucis" bei Ovid und Goethe

In der vergleichenden Betrachtung des antiken Mythos bei Ovid und Goethe fällt ins Auge, dass bei gleichbleibender Grundkonstellation die Charaktere und die Funktion eine andere Schwerpunktsetzung erfahren, was im Folgenden dargestellt werden soll.

4.1 Charaktere

In beiden Werken erweisen sich Philemon und Baucis als steinaltes, in ärmlichen Verhältnissen lebendes, aber zufriedenes Ehepaar. Während bei Ovid der Aspekt der Armut sprachlich vielseitig und häufig zum Ausdruck kommt, wird dies bei Goethe nur in der abfälligen Bezeichnung Fausts, wenn er von der „braunen Baute" spricht deutlich. Bei Ovid soll die Armut die bedingungslose und hingabevolle Gastfreundlichkeit der Alten noch verstärken, wohingegen diese bei Faust dazu dient, die Unermesslichkeit seiner Gier hervorzuheben.

---

[78] ibid., V. 11153 - 11158
[79] Besänftiget des Herzens grimmen Strauß, / Entfernt des Vorwurfs glühend bittre Pfeile, / Sein Innres reinigt von erlebtem Graus." (V. 4623 – 4625)

Der Vergleich des als positives Exempel dargestellten Ehepaares mit den jeweiligen Gegenspielern – bei Ovid die übrigen Dorfbewohner, bei Goethe Faust – fällt bei Ovid deutlich schwächer aus. Bei Goethe zielt dies darauf ab, im Gegenlicht zur genügsamen Existenz des alten Paares Faust, der in seiner nie zufriedenzustellenden Unersättlichkeit dem Bösen in Gestalt des Mephistopheles verfallen ist, in seinem Wahn darzustellen, der ihn vor nichts zurückschrecken lässt.

Bei Ovid wurde das Pärchen als gleichberechtigt und gewissermaßen zu einer Einheit verschmolzen dargestellt, was den idyllischen und einträchtigen Charakter der beiden verstärkt, während bei Goethe Baucis' die Überlegenere zu sein scheint, die dem Projekt der Landgewinnung kritisch gegenübersteht. Dadurch gelingt es Goethe zwei unterschiedliche Perspektiven in Bezug auf Fausts Projekt aufzuzeigen. Zum einen die resignative Philemons, der zu müde zu sein scheint, sich aufzulehnen und sein Geschick in die Hände höherer Mächte legt und die widerstrebende der Baucis, die bis zuletzt um ihr friedliches Plätzchen kämpft. Zudem wird dadurch die Idylle, die bei Ovid noch intakt war, mit Dellen versehen, die den allmählichen Einzug der neuen, bedrohlichen Welt zum Ausdruck bringen.

4.2 Funktion

Betrachtet man nun die Funktion, die die Philemon-und-Baucis-Episode in beiden Werken einnimmt, so spürt man sogleich, dass „Goethe (...) mit überraschender Schärfe dem antiken Mythos und seiner Erbaulichkeit die destruktive Realität der modernen Welt gegenüber" stellt. War die Szene bei Ovid geprägt von der idyllischen Beschaulichkeit des gemeinsam genossenen Altersglück, so schwebt über der Szene im Faust II von Anfang an der Schatten des Bedrohlichen.[80] Die Ursprungsszene aus den *Metamorphosen* ist in vielerlei Hinsicht umgekehrt. Während dort die Götter das Land überfluteten, um dessen gottlose Bewohner zu bestrafen, sind hier die Fluten des Meeres zurückgedrängt worden und so das Tun der ovidischen Götter gewissermaßen rückgängig gemacht worden, was den Schluss zulässt, dass Faust sich in seinem Tun über die Götter stellt und die ihm als Menschen gesetzten Grenzen nicht akzeptiert. Diese Sichtweise wird auch dadurch unterstützt, dass Philemon Zuflucht bei dem „alten Gott" sucht, was sein Gefühl der Ohnmacht gegenüber der Allmacht Fausts, die ihn sozusagen zu einem neuen Gott macht, zum Ausdruck bringt.

---

[80] vgl. Punkt 4.1.

Die Weigerung des Paares, ihren Besitz an Faust abzutreten, steht im Gegensatz zu dem unverzüglichen Folgeleisten, als die Götter sie bitten, ihr Haus zu verlassen und sie auf eine Anhöhe zu begleiten. Dies zeigt wiederum Fausts Ansinnen, sich gottgleiche Macht anzumaßen, was aber von den alten Leuten als widernatürlich empfunden wird und woraufhin der Gehorsam verweigert wird.

Bei Ovid gewähren die Alten den Besuchern sofort Einlass, verweigern jedoch Mephistopheles und seinen Gesellen den Zutritt. Dies zeigt, dass Philemon und Baucis als Bewahrer einer alten harmonischen Weltordnung versuchen, das Böse nicht in ihre Welt eindringen zu lassen, dies aber letztendlich nicht verhindern können, da sie sich dessen Gewalt nicht widersetzen können. Anders als bei Ovid, wo die beiden Alten für ihre Gottgefälligkeit und ihren Tempeldienst belohnt werden, werden sie im *Faust II* tragisches Opfer der faustschen Gier und seines Profitstrebens und stehen damit symbolisch für den Untergang des Guten.

Während in der Antike, insbesondere im Mythos das Verwurzelung des Menschen im Göttlichen eine tragende Rolle spielt, tritt dieser Aspekt in Goethes *Faust* in den Hintergrund, steht doch seit der Aufklärung die Selbstverwirklichung und Selbstverantwortung des Menschen im Vordergrund.

Das Ausmaß des faustschen Handelns wird umso dramatischer, da ausgerechnet Philemon und Baucis Opfer seines rücksichtslosen Besitzstrebens werden, Leute, die seit dem antiken Myhtos für *pietas* und Gottgefälligkeit stehen, sodass Fausts Handeln als Frevel gegen Menschliches und Göttliches erscheint und sich der Tod der Alten als zwangsläufiges Resultat von Habgier und Fortschrittswahn darstellt. Somit zeigt Goethe „die moderne Welt in ihrer Gnadenlosigkeit"[81], in der althergebrachte Werte der Menschlichkeit und Frömmigkeit der vermeintlichen Allmacht des Menschen geopfert werden.

---

[81] Albrecht, M. v.: „Goethes Rezeption der Antike dargestellt an seiner Beziehung zu Ovid", in: Schnitzler, G. / Schramm, G. (Hg.): *Ein unteilbares Ganzes. Goethe: Kunst und Wissenschaft*, Freiburg, 1997, S. 39 – 62, S. 56

5. Schlussbetrachtung

Wie im Verlauf der vergleichenden Auseinandersetzung mit der Philemon-und-Baucis-Episode in den beiden Werken deutlich geworden ist, ist es Goethe gelungen, den Mythos unter verändertem Schwerpunkt so in seinen *Faust II* einzuarbeiten, dass die überzeitliche Dimension des antiken Mythos, der allgemein menschliche Grundkonstanten hervortreten lassen, gewahrt bleibt, jedoch im jeweiligen historischen Kontext eine beinahe konträre Bedeutung erfährt. In dem antiken Mythos ist die Welt eine „gerechte", in der Gutes belohnt und Schlechtes bestraft wird. Das Gute und Schlechte wird definiert über das Verhalten der Menschen in Bezug auf die Götter und Mitmenschen, die *pietas*. Auch in Faust stehen sich das Gute in Gestalt des alten Ehepaares und das Schlechte im Charakter des Faust gegenüber. Doch Faust wird hier nicht bestraft für seine Frevel, sondern letztendlich als einer, der ewig strebe, erlöst. Daran entfaltet sich das positive Humanitätsideal des strebenden Menschen der Weimarer Klassik, der trotz seiner Verfehlungen letztendlich Gnade erfährt: „Es irrt der Mensch so lang er strebt."[82]

---

[82] Goethe, J.W.: *Faust. Der Tragödie Erster Teil*, hg. v. Hellberg, D., Stuttgart 2014, V. 317

6. Literaturverzeichnis

6.1 Primäliteratur

Goethe, J. W.: *Werke*, Band 1, hg. v. Apel, F. et al., Frankfurt am Main, 1998

Goethe, J. W.: *Werke*, Band 6, hg. v. Apel, F. et al., Frankfurt am Main, 1998

Goethe, J. W.: *Faust. Der Tragödie Erster Teil*, hg. v. Hellberg, D., Stuttgart 2014

Goethe, J. W.: *Faust. Der Tragödie Zweiter Teil*, hg. v. Hellberg, D. Stuttgart 2013

Ovidius Naso, P.: *Metamorphosen*, hg. v. Rösch, E., München, 1990

6.2 Sekundärliteratur

Albrecht , von M.: *Ovid. Eine Einführung*, Stuttgart 2003

Bieler, L.: *Geschichte der römischen Literatur, Band II, Die Literatur der Kaiserzeit*, Berlin, 1980

Borchmeyer, Dieter: *Die Weimarer Klassik. Eine Einführung*, Königstein 1980

Geisenhanslüke, A.: *Johann Wolfgang Goethe. Iphigenie auf Tauris*. München, 1997

Greif, S.: *Arbeitsbuch Deutsche Klassik*. Paderborn, 2008

Metzler-Literatur-Lexikon, hg. v. Schweikle, G. und I., Stuttgart, 1984

Thome, G.: *Zentrale Wertvorstellungen der Römer II*, Bamberg 2000

6.3 Internetquellen

http://www.br.de/telekolleg/faecher/deutsch/literatur/goethe-weimarer-klassik-100.html

https://www.klett.de/produkt/isbn/978-3-12-320213-1

http://www.thelatinlibrary.com/ovid/ovid.tristia4.shtml

http://www.thelatinlibrary.com/ovid/ovid.tristia2.shtml

Johann Peter Eckerman: *Gespräche mit Goethe in den letzten Jahren seines Lebens* - Kapitel 170, in:gutenberg.spiegel.de › Kultur › Gutenberg